handball-uebungen.de
Trainingseinheiten und Übungen für Ihr Training!

Vorwort

Liebe Leserinnen und Leser,
vielen Dank, dass Sie sich für ein Buch der trainingsunterstützenden Reihe von handball-uebungen.de entschieden haben.

Im folgenden Band finden Sie fünf methodisch ausgearbeitete Trainingseinheiten zum Thema Angriffsaktionen im Handballspiel. Die individuelle Ausbildung der einzelnen Spieler und das Zusammenspiel in der Mannschaft sind sehr wichtig für den Erfolg und muss immer wieder wiederholt und vertieft werden.

Wie in allen Bänden von handball-uebungen.de, liegt der Schwerpunkt des Buches in den praktischen Trainingseinheiten, die direkt in ein Training übernommen werden können. Lassen Sie sich inspirieren, wie ein Training mit dem Schwerpunkt auf dem Angriff gestaltet werden kann und bringen Sie auch Ihre eigenen Ideen mit ein. Ein kurzer theoretischer Abriss zur allgemeinen Trainingsplanung führt in das Thema ein und ermöglicht es Ihnen, Trainingseinheiten in ihre Jahresplanung zu integrieren.

Beispielgrafik:

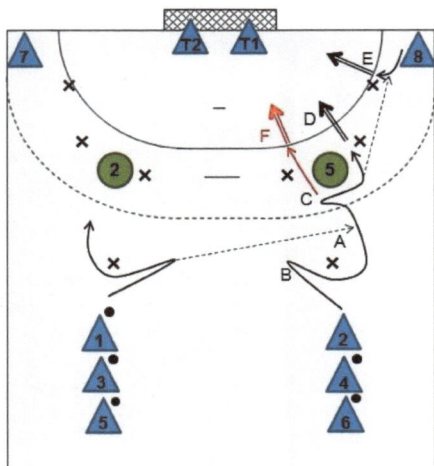

I0220808

1. Auflage (01. Dezember 2012)
Verlag: DV Concept (handball-uebungen.de)
Autoren: Jörg Madinger, Elke Lackner
ISBN: 978-3956411465

Inhalt

1. Kurzer Einblick in die Jahresplanung

2. Aufbau von Trainingseinheiten

3. Die Rolle/Aufgaben des Trainers

4. Legende zu den Trainingseinheiten

5. Trainingseinheiten
   - TE 1: Stoßen mit Entscheidung → Wurf oder Pass (★★)
   - TE 2: Schulung des Entscheidungsverhaltens (★★)
   - TE 3: Einläufer von außen (★★)
   - TE 4: Wurfserien aus dem Rückraum (★★★)
   - TE 5: Angriff in der 1. und 2. Welle (★★★)

6. Über den Autor

7. Weitere Fachbücher des Verlags DV Concept

1. Kurzer Einblick in die Jahresplanung

Ziele des Trainings

Im **Erwachsenenbereich** wird ein Trainer in der Regel am sportlichen Erfolg (Tabellenplatz) gemessen. Somit richtet sich auch das Training sehr stark nach dem jeweils nächsten Gegner (Saisonziel) aus. Im Vordergrund steht, die Spiele zu gewinnen und die vorhandenen Potentiale optimal einzusetzen.

Im **Jugendbereich** steht die **individuelle Ausbildung** im Vordergrund. Diese ist das erste Ziel, das auch über den sportlichen Erfolg zu setzen ist. Auch sollen die Spieler noch umfassend, d.h. positionsübergreifend ausgebildet werden (keine Positionsspezialisierung, keine Angriffs-/Abwehrspezialisierung).

Jahresplanung

In der Jahresplanung sollten folgende Punkte beachtet werden:
- Wie viele Trainingseinheiten habe ich zur Verfügung (Ferienzeit, Feiertage und den Spielplan mit berücksichtigen)?
- Was möchte ich in diesem Jahr erreichen / verbessern?
- Welche Ziele sollten innerhalb einer Rahmenkonzeption (des Vereins, des Verbands z. Bsp. DHB) erreicht werden? In der Rahmenkonzeption des DHB finden Sie viele Orientierungshilfen für die Themen Abwehrsysteme, individuelle Angriffs-/Abwehrfähigkeiten und dazu, was am Ende welcher Altersstufe erreicht werden sollte.
- Welche Fähigkeiten hat meine Mannschaft (haben meine individuellen Spieler)? Dies sollte immer wieder analysiert und dokumentiert werden, damit ein Soll-/Ist-Vergleich in regelmäßigen Abständen möglich ist.

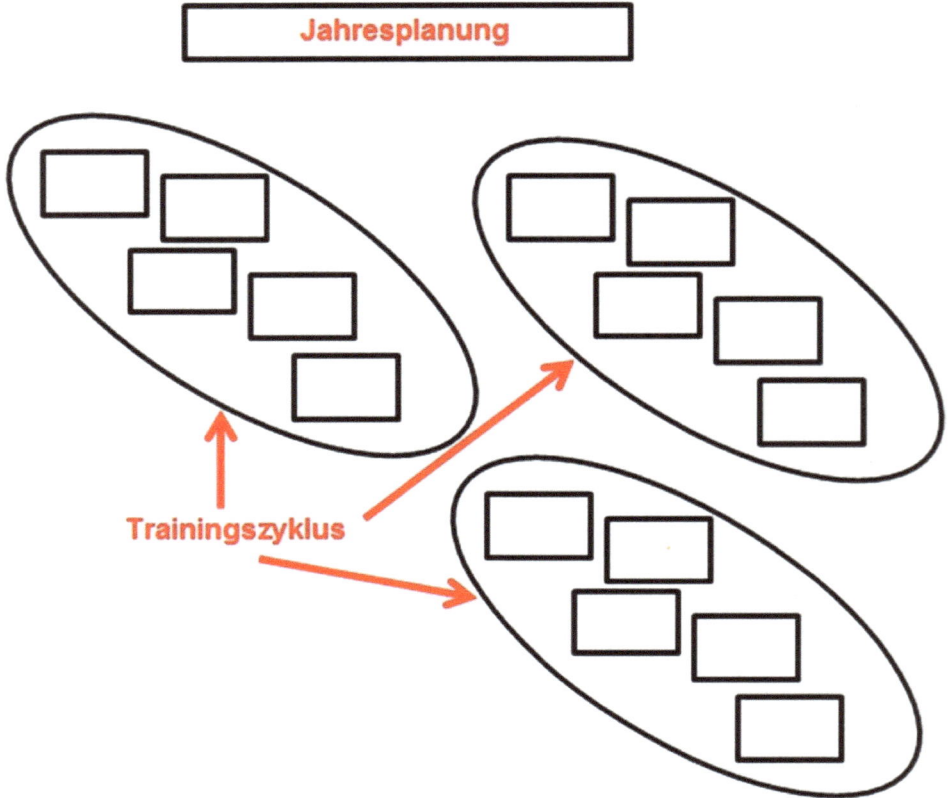

Zerlegung der Jahresplanung in einzelne Zwischenschritte

Grundsätzlich gliedert sich eine Handballsaison in folgende Trainingsphasen:

- Vorbereitungsphase bis zum ersten Spiel: Diese Phase eignet sich besonders zur Verbesserung der konditionellen Fähigkeiten wie der Ausdauer.
- 1. Spielphase bis zu den Weihnachtsferien: Hier sollte die Weihnachtspause mit eingeplant werden.
- 2. Spielphase bis zum Saisonende.

Diese groben Trainingsphasen sollten dann schrittweise verfeinert und einzeln geplant werden:

- Einteilung der Trainingsphasen in einzelne Blöcke mit blockspezifischen Zielen (z.B. Monatsplanung).
- Einteilung in Wochenpläne.
- Planung der einzelnen Trainingseinheiten.

Trainingszyklus

Trainingseinheit:
→ Aufwärmen
→ Grundübung
→ Grundspiel
→ Zielspiel

Trainingseinheit:
→ Aufwärmen
→ Grundübung
→ Grundspiel
→ Zielspiel

Trainingseinheit:
→ Aufwärmen
→ Grundübung
→ Grundspiel
→ Zielspiel

Trainingseinheit:
→ Aufwärmen
→ Grundübung
→ Grundspiel
→ Zielspiel

Trainingseinheit:
→ Aufwärmen
→ Grundübung
→ Grundspiel
→ Zielspiel

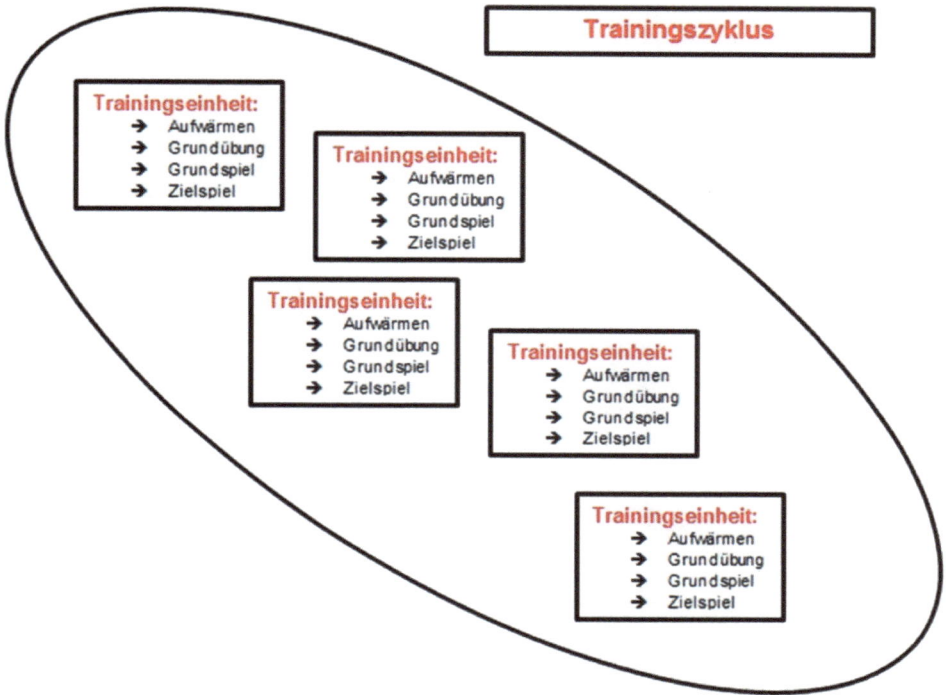

Trainingseinheiten strukturiert aufbauen

Sowohl bei der Jahresplanung als auch bei der Planung der einzelnen Trainingseinheiten sollte eine klare Struktur erkennbar sein:

- Mit Blöcken arbeiten (siehe Monatsplanung): es sollte (gerade im Jugendbereich) über einen Zeitraum am gleichen Thema gearbeitet werden. So können sich Übungen wiederholen und die Abläufe können sich einprägen.
- Jedes Training sollte einen klaren Trainingsschwerpunkt haben. Die Themen sollten innerhalb einer Trainingseinheit nicht gemischt werden, sondern es sollten alle Übungen einem klaren Ziel folgen.
- Die Korrekturen im Training orientieren sich am Schwerpunkt (bei Abwehrtraining wird die Abwehr korrigiert und gelobt).

2. Aufbau von Trainingseinheiten

Der Schwerpunkt des Trainings sollte das einzelne Training wie ein roter Faden durchziehen. Dabei in etwa dem folgenden zeitlichen Grundaufbau (Ablauf) folgen:
- ca. 10 (15) Minuten Aufwärmen
- ca. 20 (30) Minuten Grundübungen (2 bis max. 3 Übungen, plus Torhüter einwerfen)
- ca. 20 (30) Minuten Grundspiel
- ca. 10 (15) Minuten Zielspiel

1. Zeit bei 60 Minuten Trainingszeit / 2. Zeit in Klammer bei 90 Minuten Trainingszeit

Inhalte des Aufwärmens
- Trainingseröffnung: es bietet sich an, das Training mit einem kleinen Ritual (Kreis bilden, sich abklatschen) zu eröffnen und den Spielern kurz die Inhalte und das Ziel der Trainingseinheit vorzustellen.
- Grunderwärmung (leichtes Laufen, Aktivierung des Kreislaufs und des Muskel- und Kochen-Apparats).
- Dehnen/Kräftigen/Mobilisieren (Vorbereitung des Körpers auf die Belastungen des Trainings).
- Kleine Spiele (diese sollten sich bereits am Ziel des Trainings orientieren).

Grundübungen
- Ballgewöhnung (am Ziel des Trainings orientieren).
- Torhüter einwerfen (am Ziel des Trainings orientieren).
- Individuelles Technik- und Taktiktraining.
- Technik- und Taktiktraining in der Kleingruppe.

Grundsätzlich sind bei den Grundübungen die Lauf- und Passwege genau vorgegeben (der Anspruch kann im Laufe der Übung gesteigert und variiert werden).

Hinweise zur Grundübung
- Alle Spieler den Ablauf durchführen lassen (schnelle Wechsel).
- Hohe Anzahl an Wiederholungen.
- Mit Rotation arbeiten oder die Übung auf beiden Seiten gleichzeitig/mit geringer Verzögerung durchführen, damit für die Spieler keine langen Wartezeiten entstehen.
- Individuell arbeiten (1gg1 bis max. 2gg2).
- Eventuell Zusatzaufgaben/Abläufe einbauen (die die Übung komplexer machen).

handball-uebungen.de
Trainingseinheiten und Übungen für Ihr Training!

4. Legende zu den Trainingseinheiten:

✖	Hütchen
	Ballkiste
▲1	Angreifer
●1	Abwehrspieler
	dünne Turnmatte
	dicke Weichbodenmatte
	kleine Turnkiste
●	Medizinball
▬	Pommes (dünne Schaumstoffbalken)
▬	Turnbank / Langbank
☐	kleine Turnkiste (mit der offenen Seite nach oben)
○	Turnreifen
	großer Turnkasten
⊞⊞⊞	Koordinationsleiter

Schwierigkeit:

★	Einfache Anforderung (alle Jugend- und Aktivenmannschaften)
★★	Mittlere Anforderung (geeignet ab C-Jugend bis Aktive)
★★★	Höhere Anforderung (geeignet ab B-Jugend bis Aktive)
★★★★	Intensive Anforderung (geeignet für Leistungsbereiche)

TE 1	Stoßen mit Entscheidung → Wurf oder Pass		★★	90

	Startblock			Hauptblock				
X	Einlaufen/Dehnen		X	Angriff / individuell			Sprungkraft	
	Laufübung		X	Angriff / Kleingruppe			Sprintwettkampf	
X	Kleines Spiel			Angriff / Team			Torhüter	
	Koordination			Angriff / Wurfserie				
	Laufkoordination			Abwehr /Individuell			**Schlussblock**	
	Kräftigung			Abwehr / Kleingruppe		X	Abschlussspiel	
	Ballgewöhnung			Abwehr / Team			Abschlusssprint	
X	Torhüter einwerfen			Athletiktraining				
				Ausdauertraining				

★:Einfache Anforderung (alle Jugend-Aktivenmannschaften)	★ ★ : Mittlere Anforderung (geeignet ab C-Jugend bis Aktive)	★ ★ ★ : Höhere Anforderung (geeignet ab B-Jugend bis Aktive)	★ ★ ★ ★ : Intensive Anforderung (geeignet für Leistungsbereiche)

Benötigt:

- 4 Hütchen
- 6 dünne Turnmatten
- ausreichend Bälle
- Stoppuhr

TE 1 - 1	Einlaufen/Dehnen	10	10

Grundaufbau:

- Die Spieler in 4er/5er Gruppen aufteilen und je einen Leader bestimmen

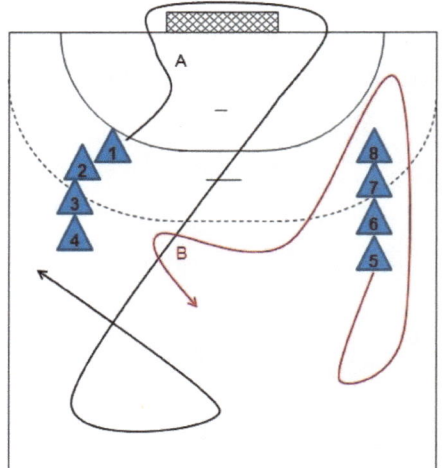

Ablauf:

- Die einzelnen Gruppen bewegen sich frei in der Halle.
- Der Leader läuft voraus und macht Übungen vor, die anderen Spieler laufen ihm hinterher und machen die vorgemachten Übungen nach (A).
- Treffen sich zwei Gruppen und die beiden Leader klatschen sich dabei ab, ist das das Signal für die nachlaufenden Spieler, den Leader zu tauschen. Sie müssen sofort reagieren und die Übungen des neuen Leaders nachmachen.
- Erfolgt ein Pfiff des Trainers, wird je ein neuer Spieler zum neuen Leader und übernimmt ab sofort das Vormachen.
- Usw.

Variation:

- Jeder Spieler mit Ball.

TE 1 - 2	kleines Spiel	15	25

Aufbau:

- Mit Hütchen wird ein Feld markiert.
- Auf jede Seite des Feldes werden 3 Matten als Ziel ausgelegt.

Ablauf:

- Zwei Mannschaften spielen Parteiball gegeneinander (A) mit dem Ziel, den Ball auf der gegnerischen Mattenbahn abzulegen (B).
- Nach dem Ablegen wechselt der Ballbesitz.
- Die Mattenbahn darf nicht hinterlaufen werden, nur von vorne darf der Ball abgelegt werden.
- Welche Mannschaft hat am Ende mehr Punkte erzielt?

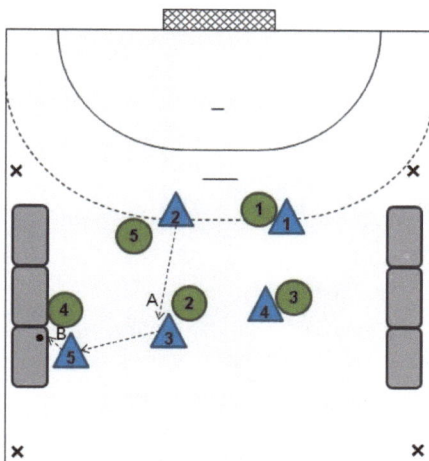

TE 1 - 3	Torhüter einwerfen	10	35

Ablauf:

- 1 startet von der Außenposition, läuft um das Hütchen (A) (eventuell einmal prellen) und wirft nach Vorgabe (B).
- Wenn 1 den Wurf absolviert hat (B), startet 2, läuft zunächst das Hütchen rechts an und läuft dann links am Hütchen vorbei (C) und wirft nach Vorgabe (D).
- Der Torwart muss schnell die Position korrigieren, um den nächsten Wurf zu parieren (E).

Wurfvorgaben:

- Zunächst kurze Würfe, Hände, hoch und tief, anschließend wird in
  die lange Ecke geworfen (je hoch und tief).
- Würfe auch von rechts außen/RR links.

| TE 1 - 4 | Angriff / individuell | 10 | 45 |

Ablauf Außenspieler:

- ▲1 passt den Ball zu ▲5 (A).

- ▲5 stößt an und spielt den Ball zurück zu ▲1 (B), der links von ●1 anstößt (C).

- Mit der Ballannahme zieht ▲1 nach innen weg an ●1 vorbei (D) und wirft (E).

- Geht ●1 beim Anstoßen (C) nicht den Schritt nach außen (F), geht ▲1 direkt außen vorbei (G) und wirft von dort (H).

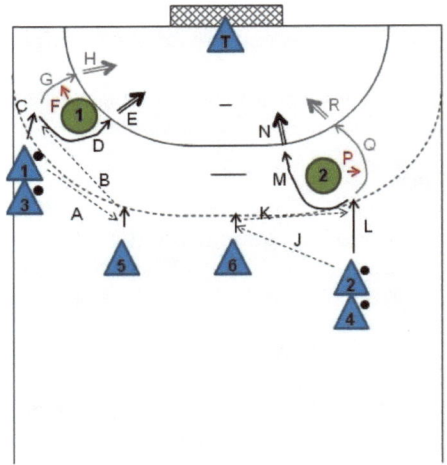

Ablauf Rückraum:

- ▲2 passt zu ▲6 (J).

- ▲6 stößt an und passt zurück zu ▲2 (K), der dynamisch auf der rechte Seite von ●2 anstößt (L).

- Mit der Ballannahme zieht ▲2 zur Mitte an ●2 vorbei (M) und wirft (N).

- Geht ●2 beim Anstoßen (L) nicht nach rechts (P) mit, bricht ▲2 rechts durch (Q) und wirft (R).

Gesamtablauf:

- Es wird immer eine Aktion auf Außen gespielt, dann eine auf dem Rückraum.
- Die Abwehrspieler sollen im Laufe der Übung zunehmend die Aktionen erschweren.

⚠ Die Spieler sollen mit hoher Dynamik anstoßen und dann entscheiden, ob sie geradeaus durchbrechen oder mit dem Pass in die andere Richtung abbrechen.

⚠ Anspieler und Abwehr regelmäßig wechseln.

⚠ Ablauf auch auf rechts außen/ RR links spielen.

TE 1 - 5	Angriff / Kleingruppe	15	60

Ablauf:

- Der Ball wird im Stoßen von Mitte über Halb auf außen gepasst (A und B).

- ▲1 stößt nach außen an (C) und entscheidet dann, ob ein Durchbruch (D) mit Wurf von außen (E) möglich ist.

- Reicht der Platz auf außen nicht, zieht ▲1 dynamisch zwischen ●1 und ●2 (F) und entscheidet, ob ein Durchbruch mit anschließendem Wurf möglich ist (G).

- Kann ▲1 nicht durchbrechen, erfolgt der Pass (H) auf den anstoßenden ●2 (J).

- ●2 entscheidet, ob ein Durchbruch mit anschließendem Wurf möglich ist (K).

- Kann ●2 nicht selbst werfen, passt er auf den anstoßenden ▲4 (L), der von der Mitte wirft (M).

- Danach startet die nächste Dreiergruppe mit dem gleichen Ablauf.

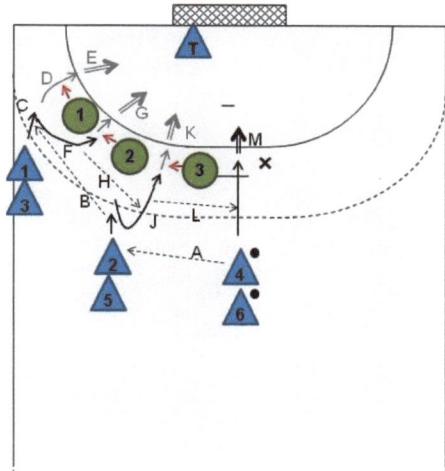

⚠ Die Spieler sollen dynamisch anlaufen und entscheiden, ob sie eine Aktion Richtung Tor setzen.

⚠ Abwehrspieler regelmäßig wechseln.

TE 1 - 6	Angriff / Kleingruppe	15	75

Ablauf:

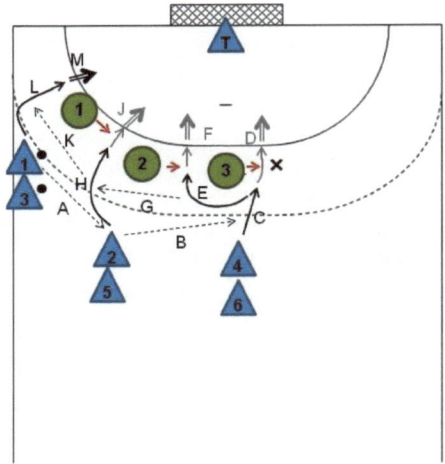

- Der Ball wird im Stoßen von Außen über Halb auf Mitte gepasst (A und B).

- 4 stößt rechts vom Abwehrspieler an (C) und entscheidet dann, ob ein Durchbruch (D) nach rechts mit anschließendem Wurf möglich ist.

- Schiebt 3 die Lücke zum Hütchen zu, zieht 4 zwischen 2 und 3 (E) und entscheidet, ob ein Durchbruch mit anschließendem Wurf (F) möglich ist.

- Schiebt 2 die Lücke zu, erfolgt der Pass (G) auf den anstoßenden 2 (H).

- 2 entscheidet, ob ein Durchbruch mit anschließendem Wurf (J) möglich ist.

- Kann 2 nicht selbst werfen, passt er (K) auf den nach außen anstoßenden 1 (L), der von außen wirft (M).

⚠ Die Spieler sollen dynamisch anlaufen und entscheiden, ob sie eine Aktion Richtung Tor setzen.

⚠ Abwehrspieler regelmäßig wechseln.

TE 1 - 7	Abschlussspiel		15	90

Ablauf 1:

- Es werden zwei Mannschaften mit je 5 Spielern gebildet.
- Die erste Mannschaft startet im Angriff und spielt zunächst einen Angriff gegen 2 Abwehrspieler (A, B und C).
  Wird ein Tor erzielt, kommt für den nächsten Angriff ein weiterer Abwehrspieler hinzu (D).
- Wird kein Tor erzielt, wird auch der nächste Angriff mit der gleichen Anzahl Abwehrspieler gespielt.
- Geht der Ball durch einen technischen Fehler verloren oder wird er durch die Abwehr heraus gefangen, verlässt ein Abwehrspieler das Spielfeld.
- Die Angreifer versuchen, so schnell wie möglich ein Tor im 5gg5 zu erzielen. Die Zeit wird gestoppt, dann ist Aufgabenwechsel.
- Welche Mannschaft schafft es schneller, im 5gg5 zum Erfolg zu kommen?

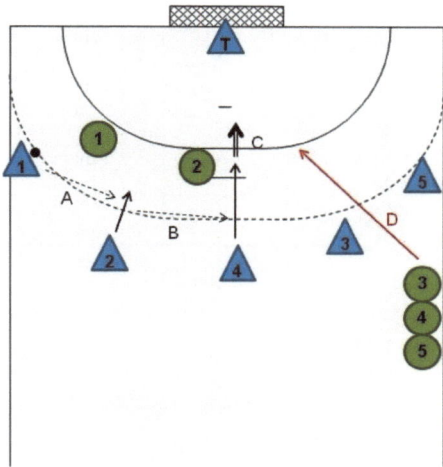

Variationen:
- Anstatt die Zeit zu stoppen, kann auch die Anzahl der Angriffe gezählt werden, die zur Erfüllung der Aufgabe benötigt werden.

⚠ Schafft es eine Mannschaft nicht, innerhalb von 6-7 Minuten die Aufgabe zu lösen, ist Aufgabenwechsel und es wird notiert, wie viele Abwehrspieler auf dem Feld waren zum Zeitpunkt des Abbruchs.

⚠ Die Mannschaft ist selbst für das Holen des Balles verantwortlich – die Zeit läuft weiter.

TE 2	Schulung des Entscheidungsverhaltens		★★	90

	Startblock			Hauptblock					
X	Einlaufen/Dehnen			Angriff / individuell			Sprungkraft		
	Laufübung		X	Angriff / Kleingruppe			Sprintwettkampf		
X	Kleines Spiel			Angriff / Team			Torhüter		
	Koordination			Angriff / Wurfserie					
	Laufkoordination			Abwehr /Individuell			**Schlussblock**		
	Kräftigung			Abwehr / Kleingruppe		X	Abschlussspiel		
X	Ballgewöhnung			Abwehr / Team		X	Abschlusssprint		
X	Torhüter einwerfen			Athletiktraining					
				Ausdauertraining					

Benötigt:
- 12 Hütchen
- 1 Fußball
- 2 Ballkisten mit ausreichend Bällen

TE 2 - 1	Einlaufen/Dehnen	15	15

Ablauf:
- Alle Spieler bewegen sich frei im 9Meter Kreis und passen sich dabei 3-4 Bälle zu:
  - Ball im Sprungwurf passen
  - Beidhändig passen
  - Im Sprung beidhändig passen
- Nach dem Pass folgendes ausführen:
  - 1 Liegestütze
  - 1 Sit-Up
  - Auf den Rücken legen und eine Seitwärtsrolle machen.

- Gemeinsam in der Gruppe dehnen.

TE 2 - 2	kleines Spiel	10	25

Aufbau:

- Immer zwei Spieler halten sich an der Hand und dürfen sich nicht loslassen.
- 6 Hütchentor auf dem Spielfeld verteilen.
- Es wird eine Fußballvariante gespielt.

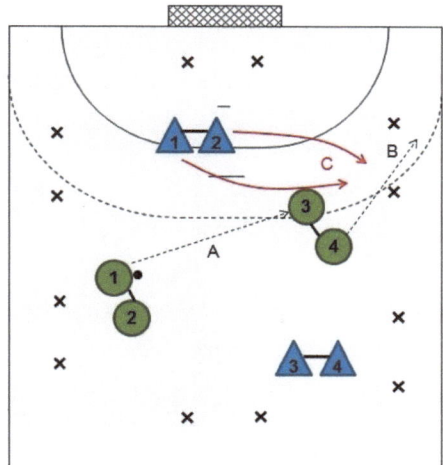

Ablauf:

- ①, ② und ③, ④ versuchen, den Ball durch eines der Hütchentore zu kicken (A und B).
- Gelingt ihnen ein Tor, dürfen sie direkt weiterspielen und weitere Tore erzielen. Dabei muss das Hütchentor nach jedem Schussversuch gewechselt werden.

- ①, ② und ③, ④ versuchen, den Ball zu erkämpfen und ebenfalls gemeinsam Tore zu erzielen (C).

Die Mannschaft, die zuerst 5 (10) Tore erzielt hat, hat gewonnen. Die andere Mannschaft muss dann eine Zusatzaufgabe (Hampelmann, Liniensprints…) machen.

| TE 2 - 3 | Ballgewöhnung | 10 | 35 |

Ablauf:

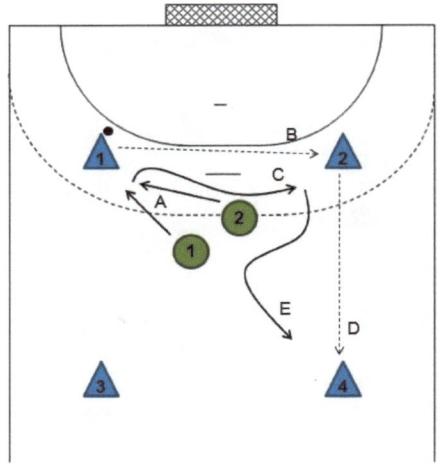

- ① und ② starten aus der Mitte heraus und laufen dynamisch auf den Ballhalter zu (A).

- ▲1 passt den Ball zu ② (B).

- ① und ② laufen dynamisch Richtung Ballhalter (▲2) (C).

- ▲2 passt den Ball zu ▲4 (D).

- ① und ② laufen dynamisch Richtung Ballhalter (▲4) (E).

- Wenn ① und/oder ② es schaffen, einen Ballführenden zu berühren, müssen ▲1, ▲2, ▲3

und ▲4 z.B. 10 Liegestützen/Sit-Ups machen, danach wechselt je ein Spieler die Aufgabe.

Variationen:

- Der Ball kann auch diagonal gepasst werden.
- ① und ② müssen sich an die Hand nehmen und als Einheit laufen.
- Angreifer stehen nur auf einem Bein beim Passen und dürfen ihre Position nicht verlassen.

⚠ ▲1, ▲2, ▲3 und ▲4 sollen in kurzer Zeit entscheiden, wo der freie Mitspieler steht, den sie anspielen müssen.

⚠ ① und ② sollen die Angreifer unter Druck setzen, damit die Entscheidungszeit kurz ist.

TE 2 - 4	Torhüter einwerfen	10	45

Ablauf:

- 🔺 stößt dynamisch mit Ball Richtung Mitte und passt 🔺 den Ball (A), der zuvor eine deutliche Lauftäuschung in die Mitte macht (B).

- 🔺 geht im 1 gegen 1 an ⑤ vorbei (C) und wirft Richtung kurzem Pfosten (D).

- Nach dem Pass (A) zieht sich 🔺 sofort dynamisch zurück, umläuft das Hütchen und der Ablauf wiederholt sich auf der anderen Seite.

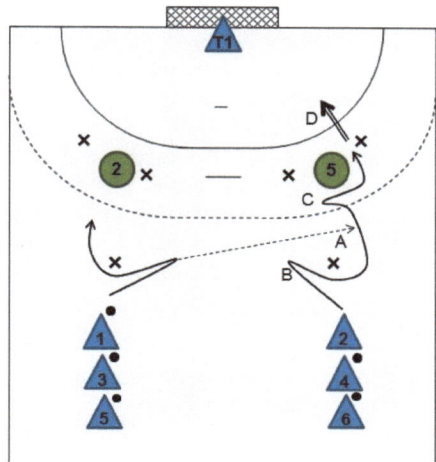

- Usw.

⚠️ Nach dem Pass (A) sollen die Spieler (🔺) mit hoher Geschwindigkeit den Richtungswechsel um das Hütchen absolvieren.

⚠️ ② und ⑤ sollen etwas Wiederstand in der Täuschbewegung der Angreifer geben, dann aber den Wurf zulassen.

TE 2 - 5	Angriff / Kleingruppe	15	60

Grundaufbau:

- 2 Torhüter.
- Der Grundablauf ist wie beim Torhüter einwerfen (Übung zuvor).
- Die Spieler werfen jeweils auf den kurzen Pfosten (der Torhüter soll aber nicht schon direkt am Pfosten stehen, sondern aus der Grundstellung heraus agieren).

Ablauf:

- 2 muss sich nun entscheiden, ob er selbst durchgeht (D), oder den Ball nach außen zu 8 ablegt, der dann mit Wurf abschließt (E). 2 muss aber vor dem Pass nach außen (E) zuerst versuchen, mit hoher Dynamik selbst durchzubrechen und zu werfen (D).
- Danach wiederholt sich der Ablauf auf der anderen Seite.

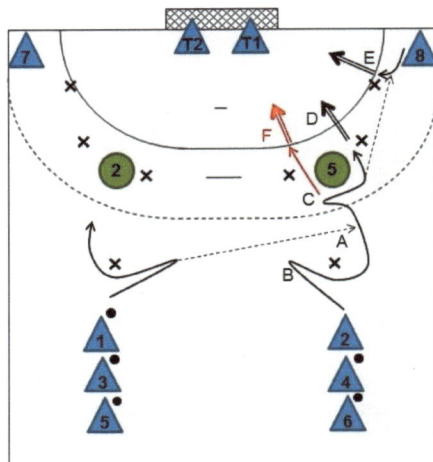

Steigerung für den Torhüter:

- Nur ein Torhüter, der nach dem Wurf sofort in der Seitwärtsbewegung zum anderen Pfosten läuft.
- Freie Würfe für den Angreifer.

Entscheidungssteigerung für die Angreifer:

- 2 darf versuchen, auch nach innen durchzugehen, gelingt das (C), darf 2 mit Wurf abschließen (F).

| TE 2 - 6 | Abschlussspiel | | 20 | 80 |

Grundablauf:

- Zwei Mannschaften bilden, die 3gegen3 über das ganze Feld Handball spielen.
- Es dürfen von jeder Mannschaft immer nur drei Spieler gleichzeitig ins Spielgeschehen eingreifen. Alle anderen Spieler müssen außerhalb warten.
- Verlässt ein Spieler das Spielfeld über die Seitenauslinie (A und D), darf dafür ein beliebiger anderer Spieler seiner Mannschaft das Spielfeld betreten und ins Spielgeschehen eingreifen (B und E).
- Die angreifende Mannschaft soll versuchen, mit hoher Dynamik zum Abschluss zu kommen (F, G und H).
- Gelingt den Angreifern durch die Aktion ein Tor, wird der Ball vom Torhüter sofort wieder ins Spiel gebracht und es geht ohne Anspiel weiter (rollt der Ball zu weit weg, soll er einen Ball aus der Ballkiste nehmen).

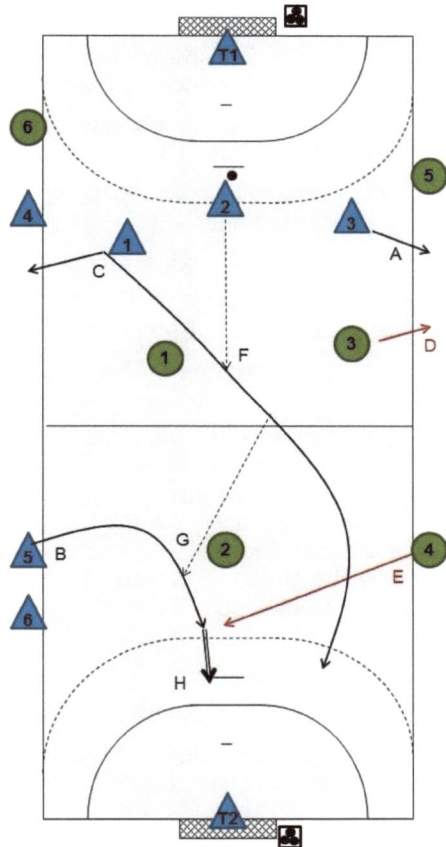

⚠️ Die Spieler müssen sehr aufmerksam sein und mit den Mitspielern kommunizieren, um situationsbezogen eine (die richtige) Entscheidung zu fällen (C):
- gehen sie mit in die Angriffsaktion.
- oder verlassen sie das Spielfeld, um einen besser stehenden Mitspieler ins Spiel zu lassen.

⚠️ das Spiel ist hervorragend geeignet, um das Entscheidungsverhalten zu schulen.

TE 2 - 7	Abschlusssprint	10	90

Ablauf:

- ▲1 startet auf Kommando und versucht, die gegenüberliegende Linie zu überlaufen, ohne von ▲4 berührt zu werden (A).

- ▲4 versucht, ▲1 abzufangen und abzuschlagen (B).

- Schafft es ▲1, ohne Berührung über die Linie zu laufen, bekommt er einen Punkt. Berührt ihn ▲4 vorher, bekommt ▲4 einen Punkt.

- Danach startet ▲2 mit dem gleichen Ablauf. Usw., bis alle Spieler der Mannschaft gelaufen sind. Danach erfolgt der Aufgabenwechsel.

- Welche Mannschaft macht mehr Punkte? Verlierermannschaft macht jeweils Liegestützen oder Sit-Ups.

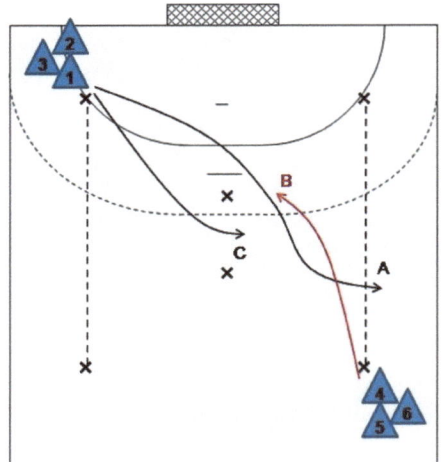

Variation:

- Läuft ▲1 auf direktem Weg über die Linie (A), bekommt er einen Punkt.

  Wenn ▲1 den „Umweg" durch das Hütchentor nimmt und ohne Berührung über die Linie läuft, bekommt er zwei Punkte (C).

TE 3		Einläufer von außen			★★	90	
Startblock			**Hauptblock**				
X	Einlaufen/Dehnen		X	Angriff / individuell		Sprungkraft	
	Laufübung			Angriff / Kleingruppe		Sprintwettkampf	
X	Kleines Spiel		X	Angriff / Team		Torhüter	
	Koordination			Angriff / Wurfserie			
	Laufkoordination			Abwehr /Individuell		**Schlussblock**	
	Kräftigung			Abwehr / Kleingruppe		X	Abschlussspiel	
X	Ballgewöhnung			Abwehr / Team			Abschlusssprint	
X	Torhüter einwerfen			Athletiktraining				
				Ausdauertraining				

Benötigt:
- 2 Kleine Turnmatten
- 2 Eimer (oder Reifen)
- 4 Hütchen
- ausreichend Bälle

TE 3 - 1		Einlaufen/Dehnen	10	10

Ablauf:
- Alle Spieler prellen mit Ball im 9m- Raum. Dabei den Ball zunächst mit der Wurfhand prellen, dann mit der Nichtwurfhand, anschließend abwechselnd. Verschiedene Laufvarianten zu den Prellvarianten durchführen (vorwärts, rückwärts, Hopserlauf, Sidesteps).
- Auf Pfiff des Trainers finden sich zwei Spieler zusammen und passen sich beide Bälle (normale Pässe, Bodenpässe, Pässe mit der falschen Hand).
- Auf den nächsten Pfiff des Trainers starten die Spieler wieder mit dem Prellen

- Gemeinsam in der Gruppe dehnen, immer abwechselnd eine Übung vormachen

TE 3 - 2	kleines Spiel	10	20

Aufbau:

- Die Matten werden auf zwei Seiten des Spielfeldes ausgelegt, ein Spieler der Mannschaft, die auf diese Matte angreift, steht auf der Matte mit einem Eimer in der Hand.

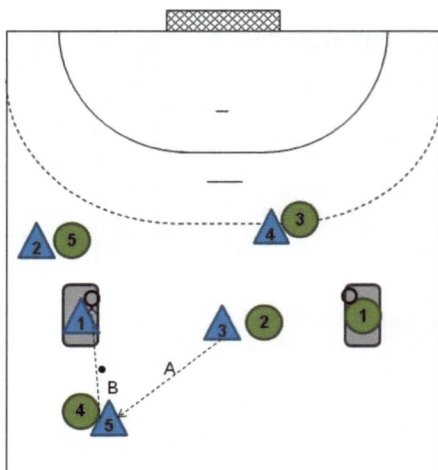

Ablauf:

- Die angreifende Mannschaft versucht, einen Punkt zu erzielen, indem der Ball in den Eimer geworfen wird. Der Spieler auf der Matte kann dabei helfen, indem er den Ball mit dem Eimer fängt. Er darf sich nur auf der Matte bewegen.
- Die abwehrende Mannschaft versucht, den Wurf auf die Matte zu verhindern.
- Nach jedem Punkt wechselt der Ballbesitz und der Spieler auf der Matte wird getauscht.

Variationen:

- ohne prellen.
- das Spiel eignet sich für alternative Spielgeräte (Kirschkernsäckchen oder kleine Jonglierbälle).
- Anstatt eines Eimers hat der Spieler auf der Matte einen Reifen in der Hand, durch den der Ball zur einem Mitspieler gepasst werden muss.

TE 3 - 3	Ballgewöhnung	10	30

Ablauf:

- Drei Spieler besetzen die Rückraumpositionen, alle anderen Spieler verteilen sich mit Ball auf die beiden Außenpositionen.
- ▲4 passt zu ▲2 (A), ▲2 zu ▲3 (B).
- Wenn ▲3 den Ball bekommen hat (B), startet ▲4 in schnellem Tempo und läuft im Bogen (C) ein. Gleichzeitig erfolgt der Pass von ▲3 zu ▲1 (D).
- ▲1 passt zum einlaufenden ▲4 (E), dieser spielt den Ball auf die andere Außenposition zu ▲5 (F).
- ▲5 startet dann den Ablauf von der anderen Seite mit dem Pass zu ▲1 (G) und läuft dann ebenfalls ein (H).

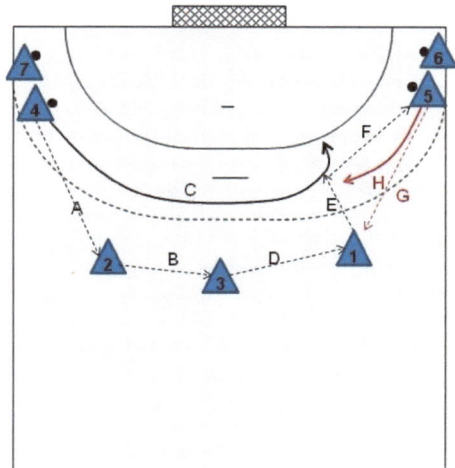

⚠ Besetzung der Rückraumpositionen immer wieder ändern.

TE 3 - 4	Torhüter einwerfen	10	40

Ablauf:

- Die Spieler starten mit Ball von den beiden Außenpositionen. Zwei Hütchen markieren die Wurfposition.
- ▲1 startet mit Ball und prellt im Bogen um die beiden Hütchen herum (A) und wirft außerhalb des rechten Hütchens vom 6m-Kreis nach Vorgabe (Hände, hoch, tief, halbhoch) nach rechts (B).
- Zeitversetzt startet ▲2, läuft ebenfalls im Bogen um beide Hütchen (C) und wirft außerhalb des linken Hütchens vom 6m Kreis nach Vorgabe nach links (D).
- Dann startet ▲3 usw.

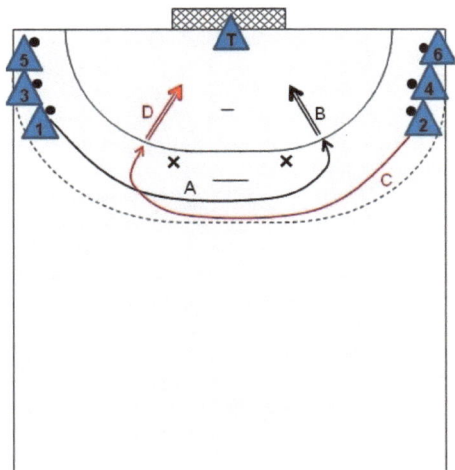

⚠ Die Spieler müssen das Anlaufen so timen, dass für den Torhüter ein Rhythmus entsteht.

TE 3 - 5	Angriff / individuell	10	50

Ablauf:

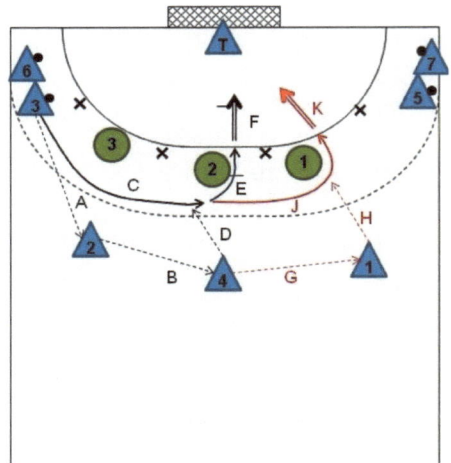

- Drei Spieler besetzen die Rückraumpositionen, drei Spieler agieren als Abwehrspieler in jeweils einem Hütchentor, alle anderen Spieler verteilen sich mit Ball auf die Außenpositionen.

- 3 passt zu 2 (A), 2 zu 4 (B).

- Wenn 4 den Ball bekommt (B), startet 3 in schnellem Tempo und läuft im Bogen (C) ein.

- Wenn 4 den Pass zu 3 spielen kann (D), versucht 3 sich gegen 2 am Kreis durchzusetzen (E) und mit Torwurf abzuschließen (F).

- Ist der Pass (D) nicht möglich, passt 4 zu 1 (G), 3 läuft weiter und 1 passt zu 3 (H).

- 3 versucht, sich gegen 1 am Kreis durchzusetzen (J) und mit Torwurf abzuschließen (K).

- Danach startet 5 mit dem Ablauf von der anderen Seite.

⚠ Besetzung der Rückraumpositionen und Abwehrspieler immer wieder ändern.

⚠ Die Abwehrspieler sollen im Verlauf der Übung die Intensität in der Abwehr immer mehr steigern.

TE 3 - 6	Angriff / Team	10	60

Ablauf:

- ▲3 passt zu ▲2 (A), ▲2 zu ▲4 (B), ▲4 zu ▲1 (C).

- Wenn ▲4 den Ball hat, startet ▲3 in schnellem Tempo und läuft im Bogen (D) am Kreis ein zwischen die Abwehrspieler ●2 und ●1.

- ▲1 entscheidet nun, ob ein Pass zu ▲3 (E) möglich ist. Bekommt ▲3 den Ball, versucht er, sich am Kreis durchzusetzen und mit Torwurf abzuschließen.

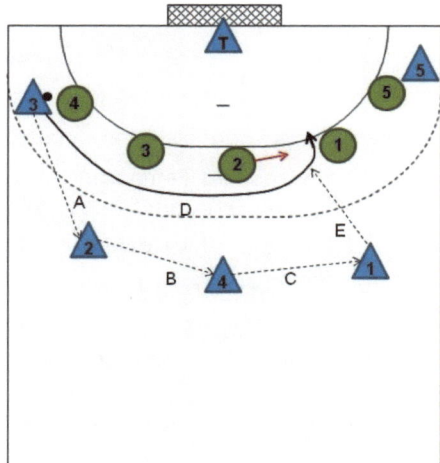

Bild 1

- Ist der Pass von ▲1 zu ▲3 nicht möglich, beziehungsweise nicht günstig, da die Abwehr ●3 sofort zumachen kann, stößt ▲1 selbst mit Ball zwischen die Abwehrspieler ●2 und ●3 (F).

- ▲4 und ▲2 gleichen währenddessen nach links aus. (G) und (J).

- ▲3 stellt beim Abwehrspieler ●1 eine Sperre nach innen.

- Je nachdem, wie sich die Abwehrspieler bewegen, geht ▲1 selbst auf das Tor oder passt zum ausgleichenden ▲4 oder zu ▲3 am Kreis (H).

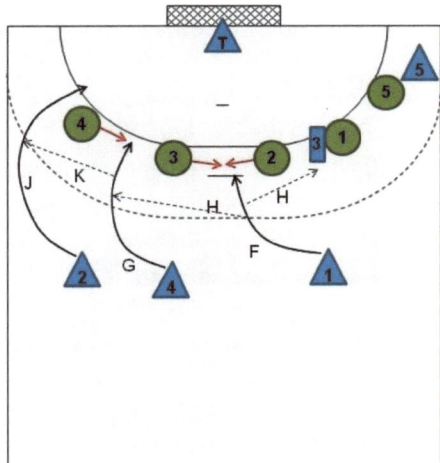

Bild 2

- Wenn ▲4 den Ball bekommt, versucht er, zwischen den Abwehrspielern ●4 und ●3 durchzubrechen. Schieben die Abwehrspieler zusammen, erfolgt der Pass nach außen zu ▲2 (K), der mit Wurf abschließt.

- Anschließend startet ▲5 mit dem Ablauf von der anderen Seite.

⚠ ▲1 und ▲4 müssen bei ihren Aktionen dynamisch und druckvoll agieren, um eine Bewegung der Abwehrspieler zu erzwingen und 2 Abwehrspieler auf sich zu ziehen.

TE 3 - 7	Angriff / Team	15	75

Ablauf:

- △3 passt zu △2 (A), △2 zu △4 (B), △4 zu △1 (C).
- Wenn △4 den Ball hat, startet △3 in schnellem Tempo und läuft im Bogen (D) am Kreis ein zwischen die Abwehrspieler ●2 und ●1. Gleichzeitig bewegt sich der Kreisläufer △6 entgegengesetzt auf die linke Seite (E).
- △1 entscheidet nun, ob ein Pass zu △3 (F) möglich ist. Bekommt △3 den Ball, versucht er, sich am Kreis durchzusetzen und mit Torwurf abzuschließen.

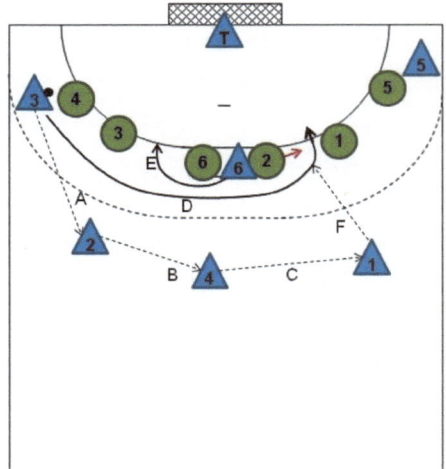

Bild 1

- Ist der Pass von △1 zu △3 nicht möglich, beziehungsweise nicht günstig, da die Abwehr △3 sofort zumachen kann, stößt △1 selbst mit Ball zwischen die Abwehrspieler ●2 und ●6 (G).
- △4 und △2 gleichen währenddessen nach links aus. (H) und (K).
- △3 stellt beim Abwehrspieler ●1 eine Sperre nach innen.
- Je nachdem, wie sich die Abwehrspieler bewegen, geht △1 selbst auf das Tor oder passt zum

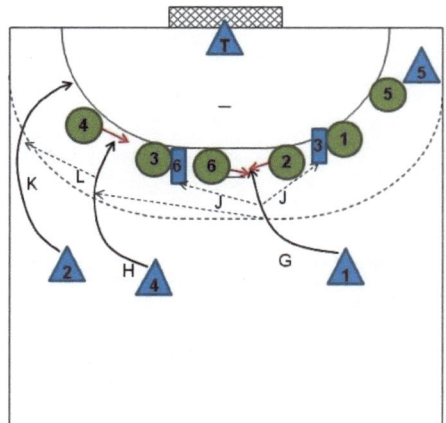

Bild 2

ausgleichenden △4 oder zu △3 oder △6 am Kreis (J).

- Wenn △4 den Ball bekommt, versucht er, zwischen den Abwehrspielern ●4 und ●3 durchzubrechen. Schieben die Abwehrspieler zusammen, erfolgt der Pass nach außen zu △2 (K), der mit Wurf abschließt.
- Anschließend startet △5 mit dem Ablauf von der anderen Seite.

⚠ △1 und △4 müssen bei ihren Aktionen dynamisch und druckvoll agieren, um eine Bewegung der Abwehrspieler zu erzwingen und 2 Abwehrspieler auf sich zu ziehen.

TE 3 - 8	Abschlussspiel	15	90

Grundaufbau:
- Zwei Mannschaften bilden, die Handball gegeneinander spielen.

Ablauf:
- Beide Mannschaften müssen versuchen, in Folge eines Einlaufens ein Tor zu erzielen.
- Tore mit vorangegangenem Einlaufen zählen doppelt
- Vorab eine Strafe vereinbaren, die die Verlierermannschaft am Ende ausführt (Liegestützen, Sit-ups, Steigerungsläufe o.ä.)

TE 4		Wurfserien aus dem Rückraum		★★★	90
Startblock		**Hauptblock**			
X	Einlaufen/Dehnen		Angriff / individuell		Sprungkraft	
	Laufübung		Angriff / Kleingruppe		Sprintwettkampf	
X	Kleines Spiel		Angriff / Team		Torhüter	
	Koordination	X	Angriff / Wurfserie			
	Laufkoordination		Abwehr /Individuell		**Schlussblock**	
	Kräftigung		Abwehr / Kleingruppe	X	Abschlussspiel	
X	Ballgewöhnung		Abwehr / Team	X	Abschlusssprint	
X	Torhüter einwerfen		Athletiktraining			
			Ausdauertraining			

Benötigt:
- 11 Hütchen
- Koordinationsleiter
- 2 Ballkisten mit ausreichend Bällen

TE 4 - 1	Einlaufen/Dehnen	20	20

Grundablauf:

- Jeder Spieler bekommt eine fortlaufende Nummer (1 bis 6 hier im Beispiel).
- Der Ball muss immer der Reihenfolge nach gepasst werden.

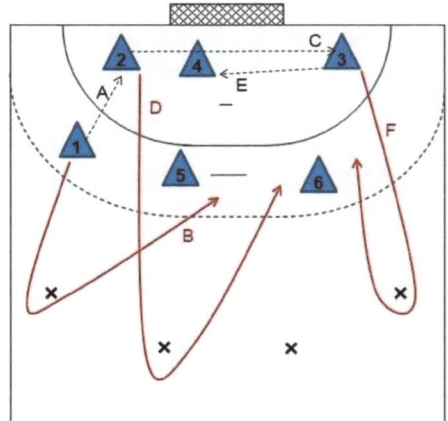

1. Ablauf:

- Alle Spieler laufen kreuz und quer im 9 Meter-Raum und passen sich locker den Ball zu.
- Laufen zwei Spieler aneinander vorbei, klatschen sie sich mit den Händen ab.
- Der ballführende Spieler passt einem Mitspieler den Ball. Dieser startet sofort locker eine 1 gegen 1 Aktion gegen den Passgeber.

2. Ablauf:

- Nach dem Pass macht der Passgeber 10 schnelle Hampelmänner.

3. Ablauf:

- ▲1 passt den Ball zu ▲2 (A), sprintet danach um eines der Hütchen (B) und bewegt sich dann wieder locker weiter im 9 Meter-Raum.
- ▲2 passt den Ball zu ▲3 (C), sprintet danach um eines der Hütchen (D) und bewegt sich dann wieder locker weiter im 9 Meter-Raum.
- Usw.

4. Ablauf:

- Nach dem Pass macht ▲1 zuerst 10 schnelle Hampelmänner, sprintet danach um eines der Hütchen und bewegt sich dann wieder locker im 9 Meter-Raum.

⚠ Den Abstand der Hütchen so wählen, dass der Ablauf nicht ins Stocken gerät.

⚠ Die Spieler sollen mit zunehmender Dynamik agieren.

Gemeinsam in der Gruppe dehnen.

TE 4 - 2	kleines Spiel	10	30

Ablauf:

Zwei Mannschaften spielen im begrenzten Raum Parteiball nach folgenden Vorgaben gegeneinander:

- Vier Pässe mit der „richtigen" Hand (A).
- der fünfte muss mit der falschen Hand erfolgen.
- danach muss der Ball ins Tor geworfen werden (B), darf vor der Torlinie aber nicht aufprellen (der Wurf muss innerhalb des Spielfeldes erfolgen).

Variationen:

- Der fünfte Pass erfolgt im Sprungwurf.
- Der Wurf ins Tor muss ebenfalls mit der falschen Hand erfolgen.

⚠ Wenn die Mannschaftsgröße ungleich ist, darf die „kleinere" Mannschaft prellen, die andere nicht.

TE 4 - 3	Ballgewöhnung	10	40

Ablauf:

- Ball wird von LA in der Stoßbewegung von 🔺1 -> 🔺2 -> 🔺3 bis zu 🔺4 gespielt (nicht im Bild).
- 🔺4 kreuzt (A) mit 🔺5 und 🔺5 passt (B) zu 🔺3.
- 🔺3 kreuzt (C) sofort mit 🔺2, danach Pass zu 🔺4 (D) (der nach dem Kreuzen mit 🔺5 (A) die Außenposition besetzt).
- Danach gleicher Ablauf auf die andere Seite usw.

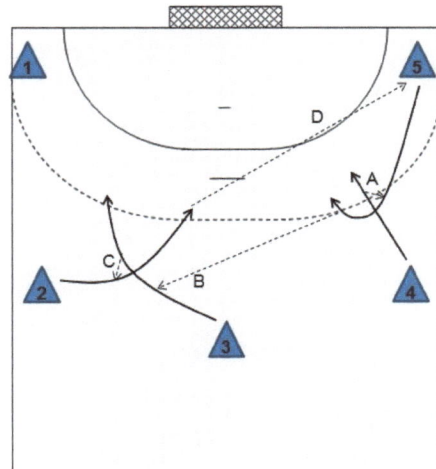

Immer nach dem Kreuzen die Position tauschen. 🔺4 mit 🔺5, 🔺2 mit 🔺3, in der zweiten Runde dann 🔺1 mit 🔺3, 🔺2 mit 🔺4.

Variationen:

- Nach dem Kreuzen, erfolgt der Pass (D) auf Außen im Sprungwurf.
- Tempo kontinuierlich steigern.

⚠ auf korrekte Stoßbewegung/korrektes Anstoßen von außen achten.

TE 4 - 4	Torhüter einwerfen	10	50

Ablauf:

- Alle Spieler stehen mit einem Ball an der Mittellinie.
- **1** startet um das linke Hütchen und läuft (A) dynamisch bis 9Meter und wirft nach Vorgabe (hoch, halb, tief) auf das Tor.
- **2** startet etwas zeitversetzt und läuft (B) um das linke Hütchen bis 9 Meter und wirft.
- Usw.
- Alle Spieler, die geworfen haben, stellen sich schnell wieder an der Mittellinie an und nehmen sich einen Ball aus der Ballkiste.
- Ablauf so lange fortführen, bis alle Bälle aufgebraucht sind.

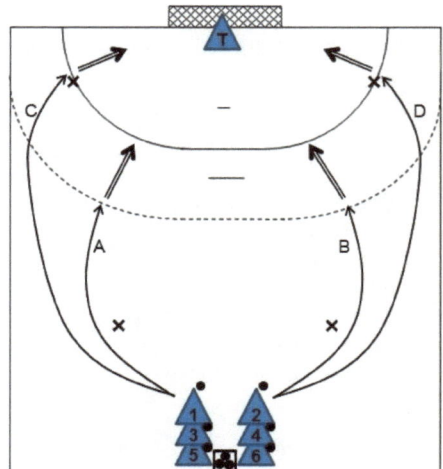

Variation:

- **1** startet um das linke Hütchen und läuft (C) auf der Außenbahn bis LA und wirft von dort. **2** startet deutlich zeitversetzt (wegen langem Anlaufweg) nach rechts (D).

TE 4 - 5	Angriff / Wurfserie (Teil 1)	25	75

Ablauf obere Spielfeldhälfte:

- ▲1 läuft dynamisch an, bekommt von ①den Ball in den Lauf gespielt (A) und wirft aus dem Sprungwurf heraus (B) über den Block von ▲1.

- Nach dem Wurf von ▲1 sprintet ① sofort los, umläuft das Hütchen (C), bekommt von ② den Ball in den Lauf gespielt (D) und wirft aus dem Sprungwurf heraus (E) über den Block von ▲2.

- ▲1 stellt sich für ① in die Abwehr.

- Nach dem Wurf von ① sprintet ② sofort los, umläuft das Hütchen (F), bekommt von ③ den Ball in den Lauf gespielt (G) und wirft aus dem Sprungwurf heraus (H).

- ① stellt sich für ② in die Abwehr.

- Nach dem Wurf von ② sprintet ③ sofort los, umläuft im großen Bogen beide Hütchen (J), und der Ablauf beginnt von vorne.

- ② stellt sich für ③ in die Abwehr.

- ▲2 passt den in der Abwehr stehenden Spielern bei Bedarf Bälle zu (nach jeder Runde wird der Ballgeber ausgetauscht).

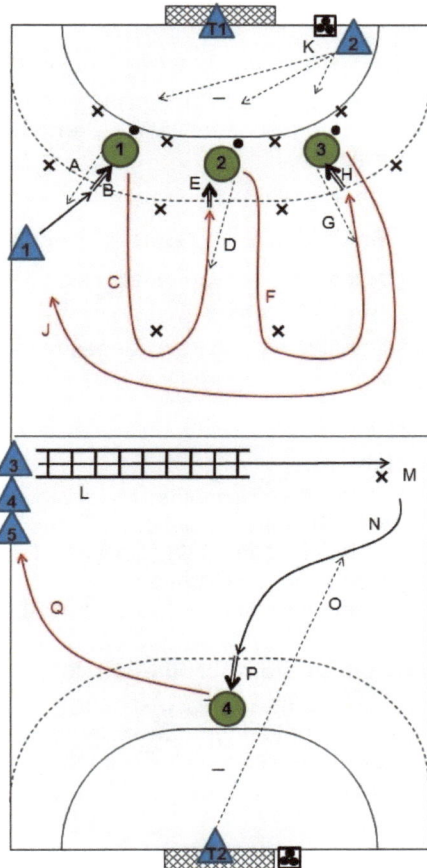

TE 4 - 5	Angriff / Wurfserie (Teil 2)		

Ablauf untere Spielfeldhälfte:

- ▲3 startet und durchläuft die Koordinationsleiter nach Vorgabe (L)

- Nach der Koordinationsleiter sprintet ▲3 bis zum Hütchen und macht dort 10 Liegestützen (M) (alternativ Hampelmannbewegungen oder Sit-ups machen)

- Danach läuft ▲3 dynamisch Richtung Tor (N), bekommt vom Torhüter den Ball in den Lauf gespielt (O) und wirft aus dem Sprungwurf über ●4 (P)

- Nach dem Wurf stellt sich ●4 an (Q) und ▲3 wird zum neuen Abwehrspieler

- Sobald ▲3 mit den Liegestützen fertig ist, startet ▲4 und durchläuft die Koordinationsleiter

Usw.

Grundablauf:
- Beide Spielfeldhälften fangen gleichzeitig mit ihrer Aktion an
- Alle Spieler wiederholen den jeweiligen Ablauf so lange, bis in der unteren Spielfeldhälfte alle Spieler den Ablauf 5* wiederholt haben. Danach wechseln die Gruppen
- Nach einer kurzen Pause den Ablauf wiederholen

Vorgaben für die Koordinationsleiter:
- Zwei Kontakte je Zwischenraum (linker und rechter Fuß)
- Ein Kontakt je Zwischenraum (1. Zwischenraum = li. Fuß, zweiter Zwischenraum = re. Fuß, usw.)

2. Runde:
- Die Angreifer machen anstatt des Wurfs über den Block, jeweils 1 gegen 1 Aktion, mit dem Ziel, durchzubrechen

TE 4 - 6	Abschlussspiel	10	85

Grundaufbau:
- Zwei Mannschaften bilden, die Handball gegeneinander spielen.

Ablauf:
- Nach einem Tor geht es direkt mit dem Ball vom Torhüter aus weiter (kein Anspiel an der Mittellinie)
- Tore, die vor 9 Metern aus dem Rückraum erzielt werden, zählen doppelt
- Die Tor-Differenz zählt am Ende 1 Sekunden je Tor Vorsprung beim abschließenden Sprint (85-7). Beispiel: 6:4 = 2 Sekunden Vorsprung

TE 4 - 7	Abschlusssprint	5	90

Ablauf:

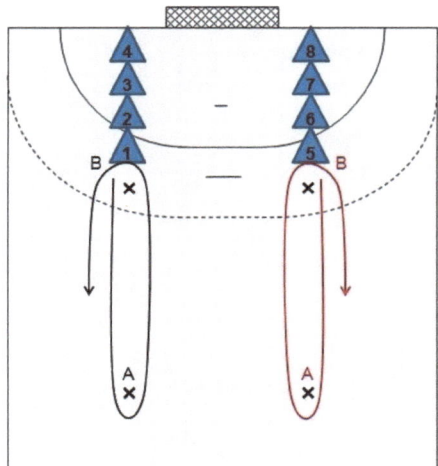

- 1 und 5 starten auf Kommando gleichzeitig und sprinten zum hinteren Hütchen, umlaufen es (A) und sprinten wieder zurück.

- Sie nehmen 2 (1) und 6 (5) an die Hand (B), und sprinten zu zweit um das Hütchen (A) und wieder zurück.

- Sie nehmen dann jeweils den 3. Spieler an die Hand usw. bis alle Spieler Hand in Hand um das Hütchen sprinten.

- Wenn der letzte Spieler „abgeholt" wurde, laufen alle Spieler zusammen eine Runde um das hintere Hütchen (A).

- Wenn sie wieder zurück sind, lassen 1 und 5 los und die anderen Spieler sprinten wieder um das Hütchen (A).

- Bei jedem Durchlauf am Start (B), lässt in umgekehrter Reihenfolge jeweils ein Spieler los, bis nur noch einer übrig ist, dieser sprintet dann alleine die letzte Runde.

Verlierermannschaft muss z.B. Liegestützen oder Sit-Ups ausführen.

⚠ Der Wettkampf ist sehr intensiv, da jeder Spieler hintereinander mehrere Umläufe machen muss.

⚠ Eventuell lohnt sich ein taktisches Laufen (durch die hohe Belastung entscheidet sich der Sieg erst am Schluss).

TE 5		Angriff in der 1. und 2. Welle			★★★	90

Startblock			Hauptblock				
X	Einlaufen/Dehnen		X	Angriff / individuell			Sprungkraft
	Laufübung		X	Angriff / Kleingruppe		X	Sprintwettkampf
X	Kleines Spiel			Angriff / Team		X	Torhüter
	Koordination			Angriff / Wurfserie			
	Laufkoordination			Abwehr /Individuell		**Schlussblock**	
	Kräftigung			Abwehr / Kleingruppe		X	Abschlussspiel
X	Ballgewöhnung			Abwehr / Team			Abschlusssprint
X	Torhüter einwerfen			Athletiktraining			
				Ausdauertraining			

Benötigt:
- 4 Hütchen
- Koordinationsleiter
- Ballkiste mit ausreichend Bällen

⚠ Die Übungen 5-6 und 5-7 werden zeitgleich durchgeführt.

TE 5 - 1	Einlaufen/Dehnen	10	10

Ablauf:

- Alle Spieler bewegen sich mit verschiedenen Laufbewegungen (vorwärts, rückwärts, seitwärts) durch die Halle (A).
- Die Spieler finden sich immer zu 2er (3er) Gruppen zusammen und machen die Laufbewegungen gemeinsam.
- 🔵T springt während dieser Zeit mit dem Rücken zu den Spielern Seil.
- Die Spieler stimmen sich beim Laufen ab, ein Spieler muss deutlich sichtbar alleine bleiben.
- Auf Kommando des Trainers hört 🔵T mit dem Seilspringen auf und erläuft einen vom Trainer in den 6 Meterraum gespielten Ball (B).
- Diesen Ball passt er (C) nach einer kurzen Orientierungsphase dem alleinstehenden Spieler (D).
- Nach dem Rückpass, wiederholt sich der Ablauf, ein anderer Spieler soll nun alleine stehen.

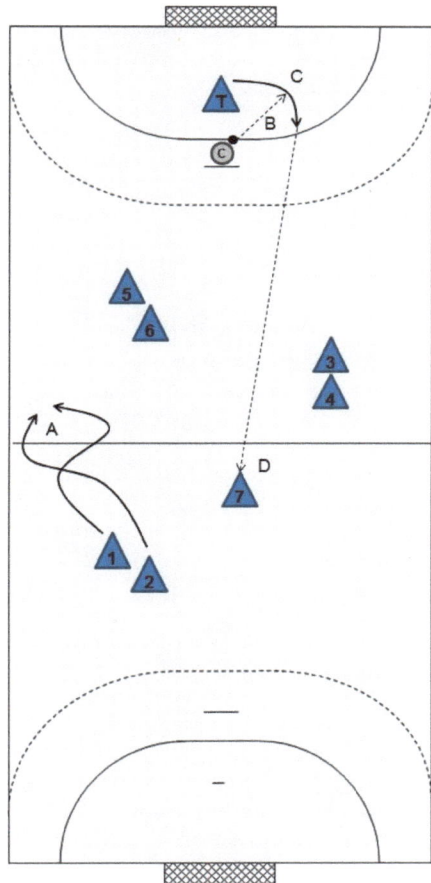

Gemeinsam in der Gruppe dehnen.

Variation:

- Zwei Spieler stehen alleine. 🔵T kann nun entscheiden, welchen der beiden er anspielt.

- Kein Spieler steht alleine, 🔵T spielt in diesem Fall den Ball zurück zum Trainer.

⚠️ Der Torhüter soll sich beim Erlaufen des Balls (B) bereits orientieren, welcher Spieler steht frei.

TE 5 - 2	kleines Spiel	10	20

Aufbau:

- Zwei gleichgroße Felder (**1** und **2**) definieren (abhängig von der Gruppengröße).

Ablauf:

Zwei Mannschaften spielen im begrenzten Raum (**Feld 1**) Parteiball nach folgenden Vorgaben gegeneinander:

- Jeder Spieler (▲1 , ▲2 , ▲3 und ▲4) muss den Ball einmal gehabt und es müssen z.B. min. sechs Ballkontakte stattgefunden haben (A).
- Danach muss der Ball im gegenüberliegenden Feld (**2**) hinter der Hütchenlinie abgelegt werden (B).
- Jetzt wechselt der Ballbesitz (●1 , ●2 , ●3 und ●4) absolvieren die gleiche Aufgabe in **Feld 2**, mit dem Ziel, den Ball hinter der Hütchenlinie von **Feld 1** abzulegen.
- Schafft es eine Mannschaft den Ball abzufangen, beginnt für sie der Ablauf in dem Feld, in dem sie den Ball gewonnen haben.

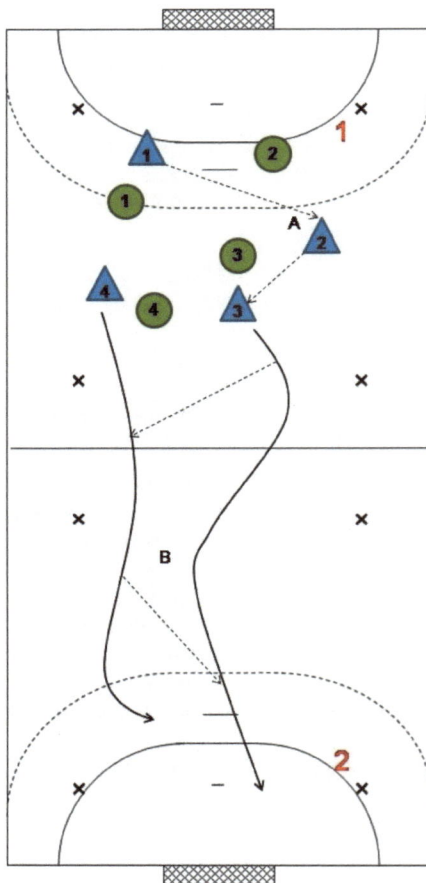

Variation:

- Prellen erlaubt.

⚠ Durch das schnelle Umschalten entsteht eine hohe Dynamik.

⚠ Alle Spieler müssen mit hoher Geschwindigkeit laufen, damit das Ziel (Ball ablegen/Ball gewinnen) erreicht werden kann.

TE 5 - 3	Ballgewöhnung	10	30

Ablauf:

- ▲1 startet ohne Ball (A) und bekommt von ▲2 den Ball in den Lauf gespielt (B).

- Danach umläuft ▲1 prellend das Hütchen, zieht einen kurzen Sprint bis zum äußeren Hütchen an (C), läuft aus und stellt sich an der Gegengruppe wieder an (D).

- Nach seinem Pass startet ▲2 (ohne Ball) (E) und bekommt von ▲3 den Ball in den Lauf gespielt (F).

- Danach umläuft ▲2 das Hütchen und wiederholt den Ablauf (Sprint und Anstellen in der Gegengruppe).

- Usw.

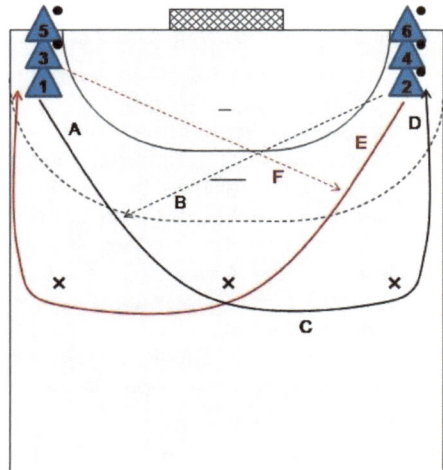

⚠ Die Hütchen abhängig von der Spieleranzahl aufstellen, so dass keine langen Wartezeiten entstehen.

TE 5 - 4	Torhüter einwerfen	10	40

Ablauf:

- Die Spieler werfen abwechselnd kurz und lang (A) nach Vorgabe (Hände, hoch, halb, tief).
- Nach dem Wurf sprinten sie zu einer vorher definierten Linie hinter der Mittellinie (B).
- Der Torhüter bewegt sich bei der Wurfserie im Tor immer mit dem Standort des Werfers (C), so dass er immer den optimalen Winkel zum Werfer hat.
- Nachdem alle Spieler geworfen haben, startet der Torhüter zum ersten Ball (D) und passt mit einem langen Pass zu 1 (F), dann zum nächsten Ball (E) usw. bis alle Spieler wieder einen Ball haben.
- 6 startet, läuft durch die Hütchen und wirft nach der gleichen Vorgabe wie zuvor auf das Tor (G).
- Alle anderen Spieler starten etwas zeitversetzt, so dass eine Serie für den Torhüter entsteht.

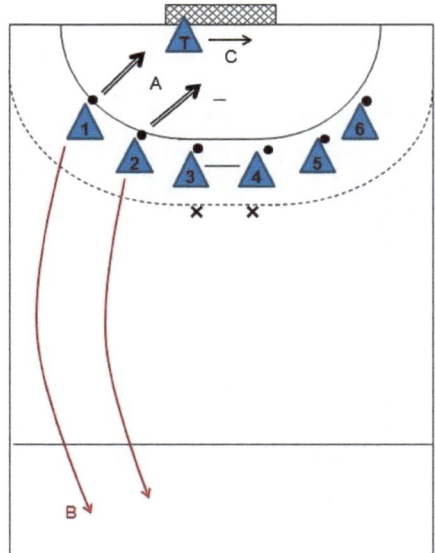

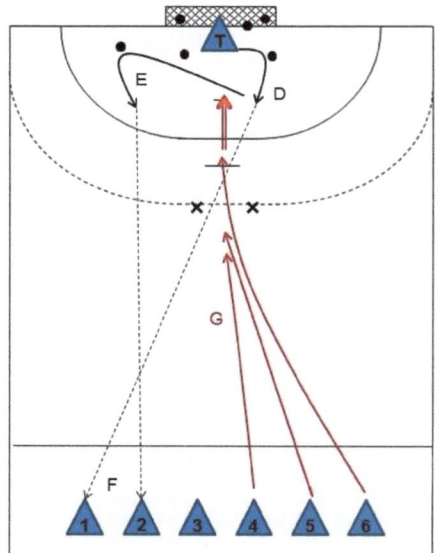

Variation:

- Zwei Torhüter, die das Passen übernehmen und sich im Tor abwechseln.

TE 5 - 5	Angriff / individuell	15	55

Grundaufbau:

- Zwei Spieler stellen sich in die Koordinationsleiter, so dass zwischen Ihnen 4 Zwischenräume frei sind

Ablauf:

- 1 und 2 starten gleichzeitig mit der Schrittfolge (1-3) in der Koordinationsleiter (A)
- Auf Kommando des Trainers starten beide gleichzeitig und versuchen, den zuvor abgelegten Ball zu erlaufen (B)
- Der Spieler, der zuerst beim Ball ist, wird zum Angreifer (C), der andere zum Abwehrspieler (D). Der Angreifer versucht, am gegenüberliegenden Tor zum Wurf zu kommen. Der Abwehrspieler versucht, das zu verhindern
- Gelingt dem Abwehrspieler ein Ballgewinn, kann er selbst versuchen, ein Tor (auf das gleiche Tor) zu erzielen

- In jedem Durchgang die Pärchenzusammensetzung wechseln

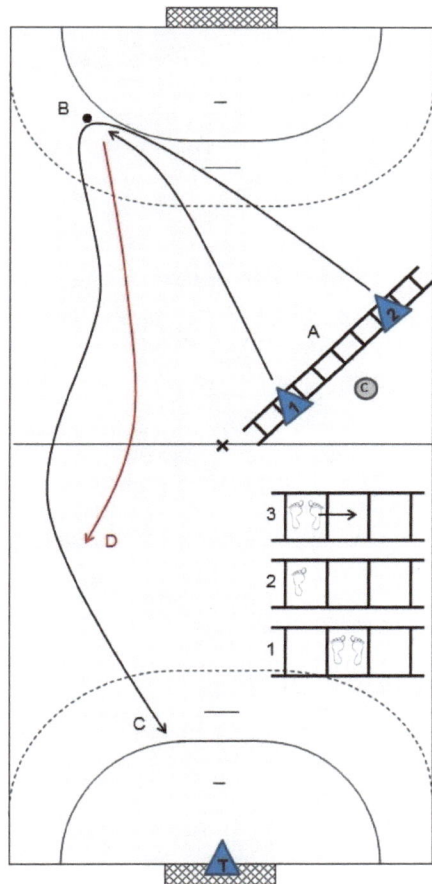

⚠ Die Angriffsaktion muss links vom Hütchen erfolgen

⚠ Auf hohe Dynamik achten (einfordern)

TE 5 - 6	Torhüter	10	65

Grundablauf für die Torhüter:

- Die Torhüter führen die Übung parallel zur Sprintstaffel der Feldspieler (5-7) aus.
- Die beiden Torhüter werfen immer im Wechsel. Wer erzielt mehr Tore?

Ablauf:

- T1 wirft den Ball im Bogen und versucht, über T2 hinweg ins Tor zu treffen (B).
- T2 holt den Ball und versucht nun ebenfalls, den Ball über T1 ins Tor gegenüber zu werfen (D).
- Beide Torhüter dürfen sich nur zwischen der 6-Meter und 9-Meter Linie beim Werfen und Abwehren bewegen.
- Beide Torhüter werfen je 10 mal. Wer trifft häufiger?

Variation:

- Das Feld bis zum 4-Meter Strich erweitern (C).

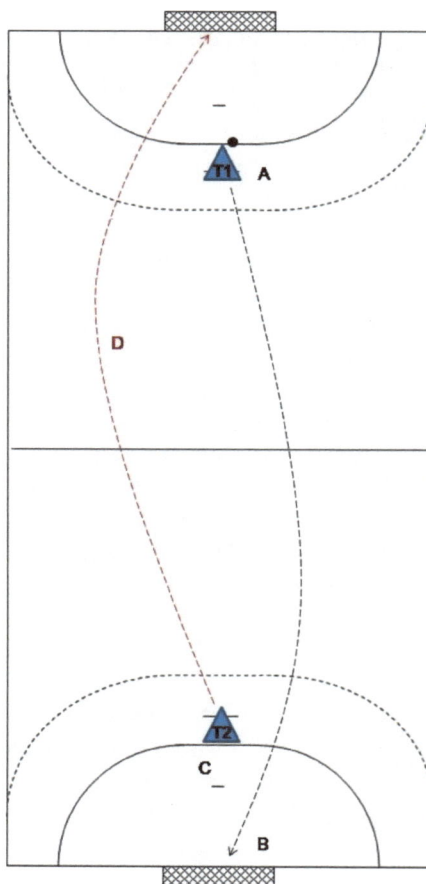

TE 5 - 7		Sprintstaffel		10	65

Grundablauf:

- Die Feldspieler führen die Sprintstaffel parallel zur Torhüterübung (5-6) auf Höhe der Mittellinie aus.

Ablauf für die Feldspieler:

- Blickrichtung bleibt immer gleich (hier in der Übung immer Richtung Mittellinie).
- Laufrichtung: vorwärts-, seitwärts- und rückwärts.
- ▲1 und ▲4 laufen auf Kommando gleichzeitig los und umrunden (A) einmal die 4 Hütchen.
- Danach wird der nächste Spieler abgeklatscht und startet.
- Den Ablauf wiederholen, bis eine Mannschaft eingeholt und der gegnerische Spieler berührt wird.

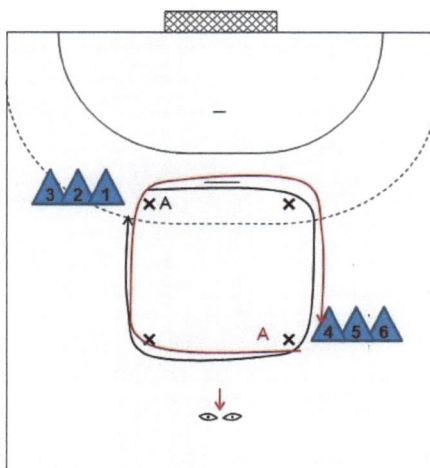

Verlierermannschaft muss z.B. Liegestützen oder Sit-Ups ausführen.

⚠ Auf saubere Laufbewegung (Blickrichtung) achten.

⚠ Den Abstand der Hütchen leistungsentsprechend wählen.

⚠ Eventuell den Mannschaften die Möglichkeit geben, die Reihenfolge der Starter vorher festzulegen.

TE 5 - 8	Angriff / Kleingruppe	10	75

Ablauf – Erste Aktion (Bild 1):

- Der Trainer an der Mittellinie legt einen Ball vor sich auf den Boden und gibt danach das Startsignal für **1** und **2**.
- Die beiden sprinten los (B), umlaufen die Hütchen und versuchen, den Ball zu holen.
- Der Spieler, der sich den Ball erkämpft, wird zum Angreifer, der andere zum Verteidiger.
- Der Angreifer versucht, sich im 1 gegen 1 durchzusetzen (C) und mit Torwurf abzuschließen (D).

Nach dieser ersten Aktion beginnt sofort die zweite Aktion (Bild 2)

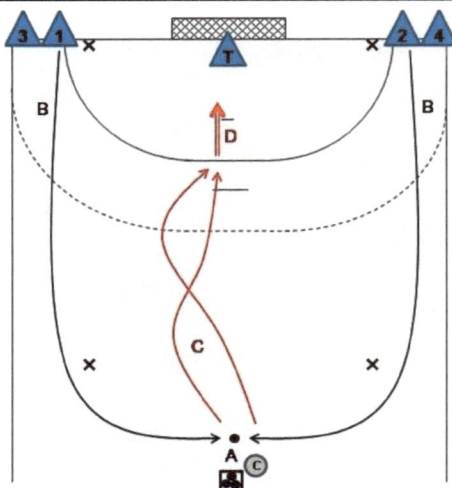

Bild 1

- Beide Spieler laufen zum Tor und berühren den Pfosten (E).
- Sie starten dann sofort wieder zur Mittellinie, der Trainer hat in der Zwischenzeit einen neuen Ball auf den Boden gelegt (F).
- Dort beginnt dann wieder der gleiche Ablauf. Der Spieler, der zuerst den Ball erkämpft, wird zum Angreifer, der andere zum Verteidiger.
- Der Angreifer versucht, sich im 1 gegen 1 durchzusetzen (G) und mit Torwurf abzuschließen.
- Danach starten die nächsten beiden Spieler nach dem Startsignal des Trainers mit dem gleichen Ablauf.
- Usw.

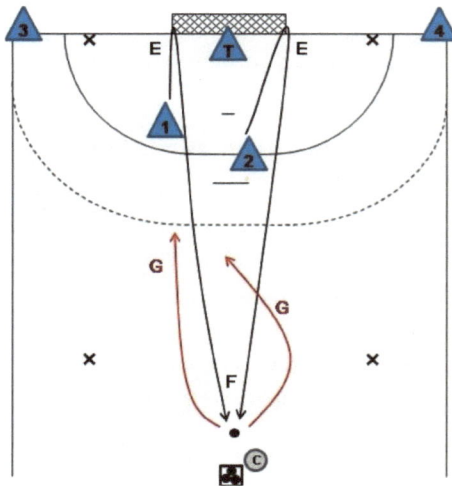

Bild 2

⚠ Sollte es während der 1 gegen 1 Aktion (C und G) dem Verteidiger gelingen, den Ball zu erkämpfen, wechseln sofort die Aufgaben, der Verteidiger wird zum Angreifer und versucht, zum Torwurf zu kommen.

TE 5 - 9	Angriff / Kleingruppe	15	90

Ablauf:

- ▲1, ▲2 und ▲3 starten in der 2. Welle und versuchen, ●1 und ●2 auszuspielen (A) und mit Torwurf abzuschließen (B).
- Sofort nach dieser Aktion starten ●1 und ●2 (D) zusammen mit ▲4, der einen neuen Ball ins Spiel bringt (C), zur 2. Welle. Sie versuchen, ●3 und ●4 auszuspielen und mit Torwurf abzuschließen.
- Zwei Spieler der ersten Gruppe (▲1, ▲2 und ▲3) bleiben stehen und bilden die neuen Abwehrspieler.
- Nach der Aktion von ●1, ●2 und ▲4 starten ●3, ●4 und ▲5 zu ihrer Aktion.
- Usw.

⚠ Die Spieler sollen mit hoher Geschwindigkeit die Aktion in der 2. Welle absolvieren.

⚠ Die beiden Abwehrspieler sollen ihre Handlungsweise immer wieder verändern, mal defensiv, mal offensiv.

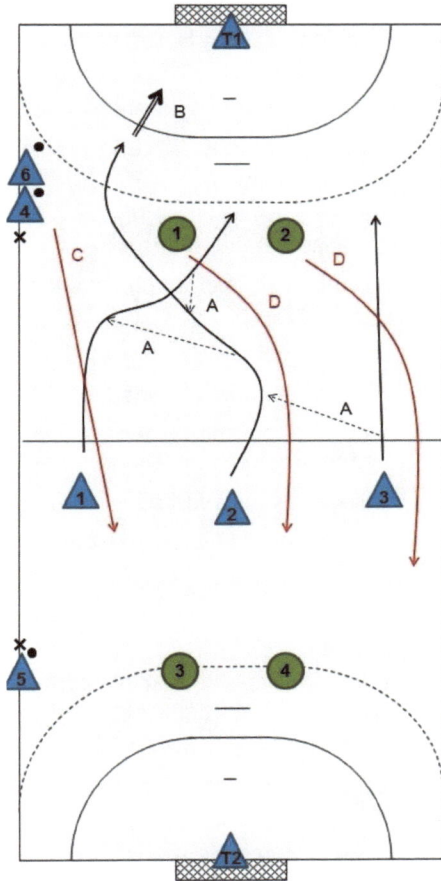

Variation: feste Auftakthandlung

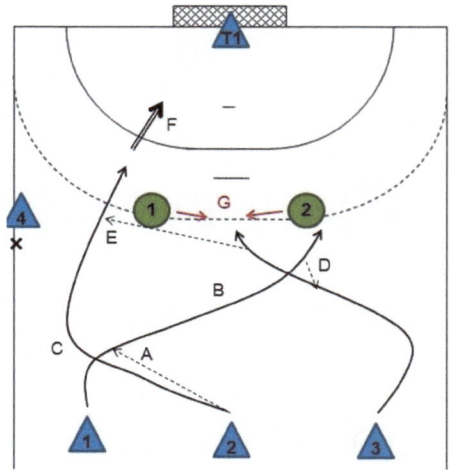

- 🔺2 spielt 🔺1 den Ball in den Lauf (A).

- 🔺1 läuft prellend dynamisch nach rechts (B), bindet ⬤2 und kreuzt dann mit 🔺3 (D). **Wichtig:** 🔺3 kommt von weit rechts außen dynamisch angelaufen!

- 🔺2 zieht zeitgleich nach links und nimmt die Position von 🔺1 ein (C).

- 🔺3 zieht dynamisch zwischen ⬤1 und ⬤2, mit dem Ziel, durchzubrechen. Gelingt dies, schließt 🔺3 mit Wurf ab.

- Schaffen es ⬤1 und ⬤2 die Lücke zu schließen (G) und 🔺3 vom Wurf abzuhalten, passt 🔺3 den Ball 🔺2 in den Lauf (E), der mit Wurf abschließt (F).

- Sofort nach dieser Aktion starten ⬤1 und ⬤2 wieder zusammen mit 🔺4 und wiederholen den Ablauf auf der anderen Seite.

⚠ Auf dynamisches Ankreuzen achten, aus dem vollen Lauf kommen.

⚠ Schnelles Umschalten zwischen Abwehr und Angriff.

6. Über den Autor

JÖRG MADINGER, geboren 1970 in Heidelberg

Juli 2014 (Weiterbildung): 3-tägiger DHB Trainerworkshop "Grundbausteine Torwartschule"
Referenten: Michael Neuhaus, Renate Schubert, Marco Stange, Norbert Potthoff, Olaf Gritz, Andreas Thiel, Henning Fritz

Mai 2014 (Weiterbildung): 3-tägige DHTV/DHB Trainerfortbildung im Rahmen des VELUX EHF FinalFour
Referenten: Jochen Beppler (DHB Trainer), Christian vom Dorff (DHB Schiri), Mark Dragunski (Trainer TuSeM Essen), Klaus-Dieter Petersen (DHB Trainer), Manolo Cadenas (Nationaltrainer Spanien)

Mai 2013 (Weiterbildung): 3-tägige DHTV/DHB Trainerfortbildung im Rahmen des VELUX EHF FinalFour
Referenten: Prof. Dr. Carmen Borggrefe (Uni Stuttgart), Klaus-Dieter Petersen (DHB Trainer), Dr. Georg Froese (Sportpsychologe), Jochen Beppler (DHB Stützpunkttrainer), Carsten Alisch (Nachwuchstrainer Hockey)

seit Juli 2012: Inhaber der DHB A-Lizenz

seit Februar 2011: Vereinsschulungen, Coaching im Trainings- und Wettkampfbetrieb

November 2011: Gründung Handball Fachverlag (handall-uebungen.de, Handball Praxis und Handball Praxis Spezial)

Mai 2009: Gründung der Handball-Plattform handball-uebungen.de

2008-2010: Jugendkoordinator und Jugendtrainer bei der SG Leutershausen

seit 2006: B-Lizenz Trainer

Anmerkung des Autors
1995 überredete mich ein Freund, mit ihm zusammen das Handballtraining einer männlichen D-Jugend zu übernehmen.

Dies war der Beginn meiner Trainertätigkeit. Daraufhin fand ich Gefallen an den Aufgaben eines Trainers und stellte stets hohe Anforderungen an die Art meiner Übungen. Bald reichte mir das Standardrepertoire nicht mehr aus und ich begann, Übungen zu modifizieren und mir eigene Übungen zu überlegen.

Heute trainiere ich mehrere Jugend- und Aktivmannschaften in einem breit gefächerten Leistungsspektrum und richte meine Trainingseinheiten gezielt auf die jeweilige Mannschaft aus.

Seit einigen Jahren vertreibe ich die Übungen über meinen Onlineshop handball-uebungen.de. Da die Tendenz im Handballtraining, vor allem im Jugendbereich, immer mehr in Richtung einer allgemeinen sportlichen Ausbildung mit koordinativen Schwerpunkten geht, eignen sich viele Spiele und Spielformen auch für andere Sportarten.

Lassen Sie sich inspirieren von den verschiedenen Spielideen und bringen Sie auch Ihre eigene Kreativität und Erfahrung ein!

Ihr
Jörg Madinger

7. Weitere Fachbücher des Verlags DV Concept

Von A wie Aufwärmen bis Z wie Zielspiel – 75 Übungsformen für jedes Handballtraining

Ein abwechslungsreiches Training erhöht die Motivation und bietet immer wieder neue Anreize, bekannte Bewegungsabläufe zu verbessern und zu präzisieren. In diesem Buch finden Sie Übungen zu allen Bereichen des Handballtrainings vom Aufwärmen über Torhüter einwerfen bis hin zu gängigen Inhalten des Hauptteils und Spielen zum Abschluss, die Sie in ihrem täglichen Training mit Ihrer Handballmannschaft inspirieren sollen. Alle Übungen sind bebildert und in der Ausführung leicht verständlich beschrieben. Spezielle Hinweise erläutern, worauf Sie achten müssen.

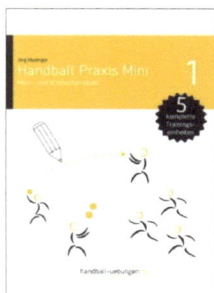

Mini- und Kinderhandball (5 Trainingseinheiten)

Mini- bzw. Kinderhandball unterscheidet sich grundlegend vom Training höherer Altersklassen und erst recht vom Handball in Leistungsbereichen. Bei diesem ersten Kontakt mit der Sportart „Handball" sollen die Kinder an den Umgang mit dem Ball herangeführt werden. Es soll der Spaß an der Bewegung, am Sport treiben, am Spiel miteinander und auch am Wettkampf gegeneinander vermittelt werden.

Das vorliegende Buch führt zunächst kurz in das Thema und die Besonderheiten des Mini- und Kinderhandballs ein und zeigt dabei an einigen Beispielübungen Möglichkeiten auf, das Training interessant und abwechslungsreich zu gestalten.

Passen und Fangen in der Bewegung - 60 Übungsformen für jedes Handballtraining

Passen und Fangen sind zwei Grundtechniken im Handball, die im Training permanent trainiert und verbessert werden müssen. Die vorliegenden 60 praktischen Übungen bieten viele Varianten, um das Passen und Fangen anspruchsvoll und abwechslungsreich zu trainieren. Ein besonderer Fokus liegt dabei darauf, die Sicherheit beim Passen und Fangen auch in der Bewegung mit hoher Dynamik zu verbessern. Deshalb werden die Übungen mit immer neuen Laufwegen und spielnahen Bewegungen gekoppelt.

Effektives Einwerfen der Torhüter - 60 Übungsformen für jedes Handballtraining

Das Einwerfen der Torhüter ist in nahezu jedem Training notwendiger Bestandteil. Die vorliegenden 60 Übungen zum Einwerfen bieten hier verschiedene Ideen, um das Einwerfen sowohl für Torhüter als auch für die Feldspieler anspruchsvoll und abwechslungsreich zu gestalten. Ein besonderer Fokus liegt dabei darauf, schon beim Einwerfen die Dynamik der Spieler zu verbessern.

Wettkampfspiele für das tägliche Handballtraining - 60 Übungsformen für jede Altersstufe

Handball lebt von schnellen und richtig getroffenen Entscheidungen in jeder Spielsituation. Dies kann im Training spielerisch und abwechslungsreich durch handballnahe Spiele trainiert werden. Die vorliegenden 60 Übungsformen sind in sieben Kategorien unterteilt und schulen die Spielfähigkeit.

Folgende Kategorie beinhaltet das Buch: Parteiball-Varianten, Mannschaftsspiele auf verschiedene Ziele, Fangspiele, Sprint- und Staffelspiele, Wurf- und Balltransportspiele, Sportartübergreifende Spiele, Komplexe Spielformen für das Abschlussspiel.

Abwechslungsreiches Wurftraining im Handball - 60 Übungsformen für jede Altersstufe

Der Wurf ist ein zentraler Baustein des Handballspiels, der durch regelmäßiges Training immer wieder erprobt und verbessert werden muss. Deshalb ist es immer wieder sinnvoll, Wurfserien im Training durchzuführen. Die vorliegende Übungssammlung bietet 60 verständliche, leicht nachzuvollziehende praktische Übungen zu diesem Thema, die in jedes Training integriert werden können.

Die Übungen sind in sechs Kategorien und drei Schwierigkeitsstufen unterteilt: Technik, Wurfübungen auf feste Ziele, Wurfserien mit Torwurf, Positionsspezifisches Wurftraining, Komplexe Wurfserien, Wurfwettkämpfe.

Taschenbücher aus der Reihe Handball Praxis

Handball Praxis 1 – Handballspezifische Ausdauer

Handball Praxis 2 – Grundbewegungen in der Abwehr

Handball Praxis 3 – Erarbeiten von Auslösehandlungen und Weiterspielmöglichkeiten

Handball Praxis 4 – Intensives Abwehrtraining im Handball

Handball Praxis 5 – Abwehrsysteme erfolgreich überwinden

Handball Praxis 6 – Grundlagentraining für E- und D- Jugendliche

Handball Praxis 7 – Handballspezifisches Ausdauertraining im Stadion und in der Halle

Handball Praxis 8 – Spielfähigkeit durch Training der Handlungsschnelligkeit

Handball Praxis 9 – Grundlagentraining im Angriff für die Altersstufe 9-12 Jahre

Handball Praxis Spezial 1 – Schritt für Schritt zur 3-2-1 Abwehr

Handball Praxis Spezial 2 – Schritt für Schritt zum erfolgreichen Angriffskonzept gegen eine 6-0 Abwehr

Weitere Handball Fachbücher und eBooks unter: www.handball-uebungen.de

www.ingramcontent.com/pod-product-compliance
Lightning Source LLC
Chambersburg PA
CBHW042131080426
42735CB00001B/43